Cuentos Encantados: Aprende Inglés con Historias Mágicas

Artici English

Published by Artici English, 2024.

CUENTOS ENCANTADOS: APRENDE INGLÉS CON HISTORIAS MÁGICAS

First edition. June 7, 2024.

Copyright © 2024 Artici English.

ISBN: 979-8227604811

Written by Artici English.

Table of Contents

The Extraordinary Adventures of Sparkle the Unicorn

O nce upon a time, in a land where the skies were painted with rainbows and the grass shimmered with the morning dew, there lived a unicorn named Sparkle. Unlike any other unicorn, Sparkle had a dazzling golden horn that gleamed under the sun, and a mane that sparkled with every color of the rainbow.

Sparkle lived in a magical forest called Glitterwood, where all sorts of fantastical creatures resided. There were talking trees, singing flowers, and even a river that giggled as it flowed. Despite all the wonders around her, Sparkle often felt a bit different from the other unicorns. They could gallop faster, leap higher, and their horns, though not golden, were very sharp and glittery.

One sunny morning, as Sparkle was practicing her twirls and leaps in a meadow, she noticed something unusual. There, in the middle of the meadow, was a tiny creature she had never seen before. It had a shiny shell and little wings that buzzed like a bee. The creature was frantically trying to lift a big red apple, but it was clearly too heavy.

"Hello there!" Sparkle called out, trotting over. "Do you need some help?"

The tiny creature looked up, its eyes wide with relief. "Oh, yes, please! I'm Pixie the Beetle, and I need to get this apple back to my village. It's a special gift for our Queen."

Sparkle's heart swelled with kindness. "I'd be happy to help!" she said, and with a graceful nod, she picked up the apple with her magical horn.

As they made their way through Glitterwood, Pixie told Sparkle all about her village, Beetleborough. It was a bustling little place, hidden under the roots of an ancient oak tree. The beetles there were kind and hardworking, always buzzing with activity.

When they arrived, the beetles were amazed by Sparkle's golden horn and her willingness to help. They welcomed her with a grand feast, filled with sweet nectar and crunchy leaves, which Sparkle found surprisingly delicious.

"You're a true friend, Sparkle," Pixie said as they enjoyed the feast. "But why do you seem so sad sometimes?"

Sparkle sighed, her sparkling mane dimming a little. "I just feel different from the other unicorns. They can do so many amazing things, and I don't feel like I fit in."

Pixie looked thoughtful. "Being different is what makes you special, Sparkle. You have a heart full of kindness, and that shines brighter than any horn."

Before Sparkle could reply, a loud cry echoed through the village. It was Captain Carapace, the beetle in charge of security. "The Glitterwood Fairies are in trouble!" he announced. "They've been trapped by a mischievous troll in the Crystal Caves!"

Without a moment's hesitation, Sparkle stood up. "I'll help them," she declared.

The journey to the Crystal Caves was long and perilous, but Sparkle was determined. With Pixie guiding her, they navigated through dense forests and crossed rushing rivers. Finally, they reached the entrance of the caves. Inside, the fairies were fluttering helplessly against the shimmering crystal walls, trapped by a net of sticky web.

The troll, a grumpy creature with a love for causing trouble, was guarding the entrance. "Who dares enter my domain?" he growled.

Sparkle stepped forward, her golden horn shining brightly. "Let the fairies go, or face the power of my magic!"

The troll laughed, thinking Sparkle was bluffing. But with a fierce determination, Sparkle lowered her head and charged. Her golden horn glowed with a brilliant light, breaking through the web and freeing the fairies.

The troll, blinded by the light, stumbled back and fled into the darkness of the cave. The fairies, now free, swirled around Sparkle in a dance of gratitude. "Thank you, brave unicorn," they chimed. "You have saved us!"

As Sparkle and Pixie made their way back to Glitterwood, the news of her bravery spread quickly. The unicorns gathered around, their eyes wide with admiration.

"You are amazing, Sparkle!" they exclaimed. "We never knew how special your magic was."

Sparkle beamed, her golden horn shimmering brighter than ever. "I may be different, but I've learned that being kind and brave is what truly makes me special."

From that day on, Sparkle was no longer just another unicorn. She was a hero, known throughout Glitterwood for her courage and kindness. And whenever someone needed help, Sparkle and her friend Pixie were always ready for another extraordinary adventure.

And so, in the land of rainbows and magic, Sparkle the Unicorn lived happily ever after, embracing her uniqueness and spreading joy wherever she went.

Las Aventuras Extraordinarias de Brillo el Unicornio

Había una vez, en una tierra donde los cielos estaban pintados con arcoíris y la hierba brillaba con el rocío de la mañana, vivía un unicornio llamado Brillo. A diferencia de cualquier otro unicornio, Brillo tenía un deslumbrante cuerno dorado que brillaba bajo el sol, y una melena que destellaba con todos los colores del arcoíris.

Brillo vivía en un bosque mágico llamado Bosque de Brillo, donde residían todo tipo de criaturas fantásticas. Había árboles que hablaban, flores que cantaban e incluso un río que se reía mientras fluía. A pesar de todas las maravillas a su alrededor, Brillo a menudo se sentía un poco diferente de los otros unicornios. Ellos podían galopar más rápido, saltar más alto, y sus cuernos, aunque no dorados, eran muy afilados y brillantes.

Una mañana soleada, mientras Brillo practicaba sus giros y saltos en un prado, notó algo inusual. Allí, en medio del prado, había una pequeña criatura que nunca había visto antes. Tenía un caparazón brillante y pequeñas alas que zumbaban como una abeja. La criatura intentaba levantar una gran manzana roja, pero claramente era demasiado pesada.

"¡Hola!" llamó Brillo, trotando hacia ella. "¿Necesitas ayuda?"

La pequeña criatura miró hacia arriba, con los ojos llenos de alivio. "¡Oh, sí, por favor! Soy Pixie el Escarabajo, y necesito llevar esta manzana de regreso a mi aldea. Es un regalo especial para nuestra Reina."

El corazón de Brillo se llenó de bondad. "¡Me encantaría ayudar!" dijo, y con un elegante movimiento, levantó la manzana con su cuerno mágico.

Mientras avanzaban por el Bosque de Brillo, Pixie le contó a Brillo todo sobre su aldea, Escarabalina. Era un lugar bullicioso, escondido bajo las raíces de un antiguo roble. Los escarabajos allí eran amables y trabajadores, siempre zumbando de actividad.

Cuando llegaron, los escarabajos quedaron asombrados por el cuerno dorado de Brillo y su disposición a ayudar. La recibieron con un gran banquete, lleno de néctar dulce y hojas crujientes, que Brillo encontró sorprendentemente deliciosas.

"Eres una verdadera amiga, Brillo," dijo Pixie mientras disfrutaban del banquete. "Pero, ¿por qué pareces tan triste a veces?"

Brillo suspiró, su melena resplandeciente se apagó un poco. "Simplemente me siento diferente de los otros unicornios. Ellos pueden hacer tantas cosas increíbles, y yo no siento que encaje."

Pixie parecía pensativa. "Ser diferente es lo que te hace especial, Brillo. Tienes un corazón lleno de bondad, y eso brilla más que cualquier cuerno."

Antes de que Brillo pudiera responder, un fuerte grito resonó por la aldea. Era el Capitán Caparazón, el escarabajo encargado de la seguridad. "¡Las Hadas del Bosque de Brillo están en problemas!"

anunció. "¡Han sido atrapadas por un troll travieso en las Cuevas de Cristal!"

Sin un momento de duda, Brillo se levantó. "Las ayudaré," declaró.

El viaje a las Cuevas de Cristal fue largo y peligroso, pero Brillo estaba decidida. Con Pixie guiándola, navegaron por densos bosques y cruzaron ríos turbulentos. Finalmente, llegaron a la entrada de las cuevas. Dentro, las hadas aleteaban desesperadamente contra las brillantes paredes de cristal, atrapadas por una red de pegajosa telaraña.

El troll, una criatura gruñona con gusto por causar problemas, estaba vigilando la entrada. "¿Quién se atreve a entrar en mi dominio?" gruñó.

Brillo dio un paso adelante, su cuerno dorado brillando intensamente. "¡Deja ir a las hadas, o enfréntate al poder de mi magia!"

El troll se rió, pensando que Brillo estaba fanfarroneando. Pero con una determinación feroz, Brillo bajó la cabeza y cargó. Su cuerno dorado brilló con una luz brillante, rompiendo la telaraña y liberando a las hadas.

El troll, cegado por la luz, retrocedió y huyó a la oscuridad de la cueva. Las hadas, ahora libres, revoloteaban alrededor de Brillo en un baile de gratitud. "Gracias, valiente unicornio," cantaron. "¡Nos has salvado!"

Mientras Brillo y Pixie regresaban al Bosque de Brillo, la noticia de su valentía se extendió rápidamente. Los unicornios se reunieron a su alrededor, con los ojos llenos de admiración.

"¡Eres increíble, Brillo!" exclamaron. "Nunca supimos lo especial que era tu magia."

Brillo sonrió, su cuerno dorado brillando más que nunca. "Puedo ser diferente, pero he aprendido que ser amable y valiente es lo que realmente me hace especial."

Desde ese día, Brillo ya no era solo otro unicornio. Era una heroína, conocida en todo el Bosque de Brillo por su coraje y bondad. Y siempre que alguien necesitaba ayuda, Brillo y su amiga Pixie estaban listas para otra extraordinaria aventura.

Y así, en la tierra de los arcoíris y la magia, Brillo el Unicornio vivió feliz para siempre, abrazando su singularidad y difundiendo alegría dondequiera que iba.

Gerald the Giraffe's Tremendous Tall Tale

G erald the Giraffe was the tallest creature in all of Savannahville. His neck stretched so high that he could nibble on the leaves of the tallest trees and have conversations with the birds that nested there. But being so tall wasn't always easy for Gerald. He often felt out of place among the other animals.

One fine morning, Gerald was walking through the savannah, his long legs carrying him gracefully over the grassy plains. He stopped by the watering hole for a drink and noticed a group of animals chatting excitedly. They were gathered around a large, colorful poster.

"What's going on?" Gerald asked, lowering his neck to see better.

"It's the Great Savannah Race!" said Toby the Tortoise. "It's the biggest event of the year. All the animals compete to see who is the fastest."

Gerald's eyes lit up. He loved the idea of a race, but then his excitement faded. "But I'm too tall and clumsy for a race," he thought to himself.

Just then, Penny the Parrot flew down and perched on Gerald's head. "You should enter, Gerald! You're the tallest and can see farther than anyone else. That's a huge advantage!"

Gerald wasn't sure, but the thought of participating excited him. "Maybe I could give it a try," he said aloud.

As the day of the race approached, Gerald practiced every day. He stretched his long legs and ran through the savannah, trying to improve his speed. But despite his efforts, he still felt clumsy and slow compared to the other animals.

On the day of the race, all of Savannahville gathered at the starting line. There were zebras, cheetahs, antelopes, and even Toby the Tortoise, who looked determined despite his slow pace.

"On your marks, get set, go!" shouted the referee, a wise old owl.

The animals took off in a burst of speed. Gerald stretched his long legs and began to run. At first, he stumbled and wobbled, feeling awkward and out of place. But as he ran, he started to find his rhythm.

The course took the animals through the dense forest, across the wide river, and up the steep hill. Gerald used his height to his advantage. In the forest, he could see over the trees and find the best path. At the river, his long legs allowed him to wade through the water without swimming. And on the hill, his height gave him a longer stride.

As they neared the finish line, Gerald could see the other animals far ahead of him. He felt discouraged, but then he remembered Penny's words. "You have an advantage, Gerald."

Summoning all his strength, Gerald pushed forward. His long legs moved faster, and he began to close the gap. The finish line was in sight, and the crowd was cheering.

With one final burst of speed, Gerald crossed the finish line, just behind the fastest cheetah but ahead of all the other animals. He had finished second! The crowd erupted in applause.

"You did it, Gerald!" shouted Penny, flying down to congratulate him. "You used your unique abilities and found your own way to succeed."

Gerald smiled, his heart swelling with pride. "I guess being tall isn't so bad after all," he said.

That night, there was a grand celebration in Savannahville. The animals feasted and danced, and Gerald was the guest of honor. He realized that his height, which he had always seen as a disadvantage, was actually his greatest strength.

From that day on, Gerald embraced his uniqueness. He helped other animals with his height, whether it was reaching high branches for food or spotting danger from afar. And whenever there was a challenge, Gerald faced it with confidence, knowing that his differences made him special.

And so, Gerald the Giraffe lived happily in Savannahville, no longer feeling out of place, but proud of who he was. His tremendous tall tale became an inspiration for all the animals, reminding them that everyone has something that makes them special.

El Tremendo Cuento de Gerald la Jirafa

Gerald la Jirafa era la criatura más alta de toda Savannahville. Su cuello se estiraba tan alto que podía mordisquear las hojas de los árboles más altos y conversar con los pájaros que anidaban allí. Pero ser tan alto no siempre era fácil para Gerald. A menudo se sentía fuera de lugar entre los otros animales.

Una hermosa mañana, Gerald caminaba por la sabana, sus largas patas lo llevaban con gracia sobre las llanuras cubiertas de hierba. Se detuvo en el abrevadero para beber y notó a un grupo de animales charlando emocionadamente. Estaban reunidos alrededor de un gran y colorido cartel.

"¿Qué está pasando?" preguntó Gerald, bajando el cuello para ver mejor.

"¡Es la Gran Carrera de la Sabana!" dijo Toby la Tortuga. "Es el evento más grande del año. Todos los animales compiten para ver quién es el más rápido."

Los ojos de Gerald se iluminaron. Le encantaba la idea de una carrera, pero luego su emoción se desvaneció. "Pero soy demasiado alto y torpe para una carrera," pensó para sí mismo.

En ese momento, Penny la Lora voló y se posó en la cabeza de Gerald. "¡Deberías participar, Gerald! Eres el más alto y puedes ver más lejos que nadie. Eso es una gran ventaja."

Gerald no estaba seguro, pero la idea de participar lo emocionaba. "Tal vez podría intentarlo," dijo en voz alta.

A medida que se acercaba el día de la carrera, Gerald practicaba todos los días. Estiraba sus largas patas y corría por la sabana, tratando de mejorar su velocidad. Pero a pesar de sus esfuerzos, aún se sentía torpe y lento en comparación con los otros animales.

El día de la carrera, toda Savannahville se reunió en la línea de salida. Había cebras, guepardos, antílopes e incluso Toby la Tortuga, que se veía decidida a pesar de su lento ritmo.

"¡En sus marcas, listos, fuera!" gritó el árbitro, un viejo búho sabio.

Los animales salieron en un estallido de velocidad. Gerald estiró sus largas patas y comenzó a correr. Al principio, tropezaba y se tambaleaba, sintiéndose incómodo y fuera de lugar. Pero mientras corría, comenzó a encontrar su ritmo.

El recorrido llevó a los animales a través del denso bosque, a través del ancho río y hasta la empinada colina. Gerald usó su altura a su favor. En el bosque, podía ver por encima de los árboles y encontrar el mejor camino. En el río, sus largas patas le permitían vadear el agua sin nadar. Y en la colina, su altura le daba una zancada más larga.

A medida que se acercaban a la línea de meta, Gerald podía ver a los otros animales muy adelante. Se sintió desanimado, pero luego recordó las palabras de Penny. "Tienes una ventaja, Gerald."

Reuniendo todas sus fuerzas, Gerald avanzó. Sus largas patas se movieron más rápido y comenzó a cerrar la brecha. La línea de meta estaba a la vista y la multitud animaba.

Con un último estallido de velocidad, Gerald cruzó la línea de meta, justo detrás del guepardo más rápido pero delante de todos los otros animales. ¡Había terminado segundo! La multitud estalló en aplausos.

"¡Lo hiciste, Gerald!" gritó Penny, volando para felicitarlo. "Usaste tus habilidades únicas y encontraste tu propia manera de tener éxito."

Gerald sonrió, su corazón hinchado de orgullo. "Creo que ser alto no es tan malo después de todo," dijo.

Esa noche, hubo una gran celebración en Savannahville. Los animales festejaron y bailaron, y Gerald fue el invitado de honor. Se dio cuenta de que su altura, que siempre había visto como una desventaja, en realidad era su mayor fortaleza.

Desde ese día, Gerald abrazó su singularidad. Ayudó a otros animales con su altura, ya fuera alcanzando ramas altas para obtener alimento o avistando peligros desde lejos. Y cada vez que había un desafío, Gerald lo enfrentaba con confianza, sabiendo que sus diferencias lo hacían especial.

Y así, Gerald la Jirafa vivió feliz en Savannahville, ya no sintiéndose fuera de lugar, sino orgulloso de ser quien era. Su tremendo cuento se convirtió en una inspiración para todos los animales, recordándoles que todos tienen algo que los hace especiales.

Marvin the Mischievous Wizard and the Mysterious Spell

Once upon a time, in a quaint little village nestled between the Whispering Woods and the Singing River, there lived a wizard named Marvin. Marvin wasn't just any wizard; he was known for his mischievous antics and a knack for getting into the most peculiar predicaments. His tall, pointy hat and flowing robe were often seen fluttering about as he conjured up all sorts of magical wonders and, sometimes, a bit of chaos.

Marvin lived in a cozy cottage at the edge of the village, surrounded by an enchanted garden where flowers hummed cheerful tunes and the trees whispered secrets to those who would listen. Despite his mischief, the villagers adored Marvin for his kind heart and his willingness to help anyone in need, even if his solutions were a tad unconventional.

One sunny afternoon, as Marvin was sorting through his spellbooks, a loud knock echoed through his cottage. He opened the door to find little Emily, a bright-eyed girl with pigtails and a freckled face, standing nervously on his doorstep.

"Hello, Emily!" Marvin greeted her with a warm smile. "What brings you here today?"

Emily twisted her fingers together, looking a bit worried. "Oh, Mr. Marvin, it's my cat, Whiskers. He's gone missing, and I've looked everywhere!"

Marvin's eyes twinkled with determination. "Don't worry, my dear. We'll find Whiskers. Let me just get my hat and wand."

With a flick of his wrist, Marvin summoned his trusty wand and plopped his hat onto his head. "Now, let's see," he muttered, flipping through a spellbook titled Finding Lost Things for Forgetful Folks.

"Aha!" he exclaimed, pointing to a spell on page ninety-nine. "The Unmistakable, Unmissable, Undeniably Reliable Cat-Finding Spell! This should do the trick."

Marvin led Emily to the center of the village square. He cleared his throat and waved his wand in a series of intricate loops. "Whiskers, Whiskers, where do you roam? Reveal yourself and come back home!"

A puff of glittering smoke erupted from the wand's tip, swirling around in the air. The villagers gathered, watching in awe as the magical mist formed the shape of a cat. The smoke cat pranced around, then darted off toward the Whispering Woods.

"Quick, follow that cat!" Marvin cried, and he and Emily dashed after the smoke.

The path led them deep into the woods, where the trees seemed to lean in closer, whispering encouragement. They followed the smoke cat until it stopped in front of a large, twisted tree with a hollow trunk.

Marvin peered inside the hollow and, to his delight, found Whiskers curled up, fast asleep. "There you are, Whiskers!" he said, gently scooping up the drowsy feline and handing him to Emily.

"Oh, thank you, Mr. Marvin!" Emily beamed, hugging Whiskers tightly.

Marvin smiled, but his expression quickly turned serious as he noticed a strange glow emanating from the hollow tree. "What's this?" he murmured, reaching inside to pull out an old, dusty book.

The book's cover was adorned with peculiar symbols and a title that read, The Mysterious Spell of Miracles and Mayhem. Marvin's eyes widened in curiosity. "This looks interesting," he said, brushing off the dust.

As he opened the book, a gust of wind swirled around them, and the pages began to glow. Suddenly, the book spoke in a deep, resonant voice, "I am the Keeper of the Mysterious Spell. To those who seek to cast it, be wary, for it brings both miracles and mayhem."

Marvin's curiosity was piqued, but Emily looked worried. "Maybe we should leave it alone, Mr. Marvin. It sounds dangerous."

"Nonsense!" Marvin declared. "We'll just be careful. Now, let's see what this spell can do."

They returned to Marvin's cottage, where he carefully placed the book on his spell-casting table. The villagers had gathered outside, intrigued by the glowing book and eager to see what marvels Marvin would conjure next.

Marvin studied the spell for a moment, then nodded confidently. "I'll need some dragon scales, a phoenix feather, and a drop of moonlight dew. Emily, could you fetch those from my ingredient cabinet?"

Emily quickly retrieved the items, and Marvin set to work, mixing and chanting. The air crackled with energy as the spell took shape. "By the power of the ancient runes, bring forth a miracle this afternoon!"

A burst of light filled the cottage, and when it faded, Marvin found himself holding a magnificent golden egg. The villagers gasped in amazement.

"What a wondrous egg!" exclaimed Mr. Thompson, the baker. "What does it do?"

Marvin scratched his head. "I'm not quite sure," he admitted. "Let's find out."

As he gently tapped the egg with his wand, it cracked open, revealing a tiny, shimmering creature. It was a dragon, no bigger than a kitten, with iridescent scales and delicate wings.

"Oh my goodness!" Emily exclaimed. "It's adorable!"

The baby dragon blinked up at Marvin and let out a tiny puff of smoke. Marvin laughed. "Well, hello there, little one. I think I'll name you Spark."

The villagers were enchanted by Spark, who quickly became a beloved member of the community. However, Marvin hadn't forgotten the book's warning. He continued to study the

Mysterious Spell of Miracles and Mayhem, determined to unlock its secrets while avoiding any potential chaos.

One evening, as Marvin was reading through the book, Spark curled up on his lap, a loud knock echoed through the cottage. Marvin opened the door to find Sir Reginald, the village knight, looking stern.

"Marvin, there's trouble brewing in the Whispering Woods. Strange creatures have been spotted, and the villagers are frightened."

Marvin's heart sank. "I'll investigate right away," he promised.

With Spark perched on his shoulder, Marvin ventured into the woods. The trees whispered nervously, and the air was thick with tension. Suddenly, a shadowy figure darted across their path.

"Who goes there?" Marvin called out, his wand at the ready.

The figure stepped forward, revealing itself to be a mischievous sprite named Puck. "I am Puck, and I've been causing a bit of mayhem, thanks to your spell book," he admitted with a grin.

Marvin frowned. "That book is dangerous in the wrong hands. You must stop this mischief at once!"

Puck chuckled. "Oh, but where's the fun in that? Let's see if you can catch me first, wizard!"

And with that, Puck vanished into the trees. Marvin and Spark gave chase, dodging through the underbrush and leaping over roots. They followed Puck to a clearing where the sprite had gathered an assortment of enchanted creatures.

"Behold my army!" Puck declared. "With their help, I shall take over the village!"

Marvin knew he had to act quickly. He whispered a spell to Spark, who grew to the size of a horse, his scales glowing fiercely. "Let's show them what we're made of, Spark," Marvin said, mounting the dragon.

With a roar, Spark took to the skies, breathing streams of glittering fire. The enchanted creatures scattered, and Puck's confidence wavered.

"Enough, Puck!" Marvin commanded, his voice booming with authority. "Return to the shadows from whence you came, or face the full force of my magic!"

Puck hesitated, then sighed. "Very well, wizard. You've won this time."

As Puck and his minions disappeared, the Whispering Woods returned to its peaceful state. Marvin and Spark landed gracefully, and the villagers cheered as they emerged from the woods.

"You've saved us, Marvin!" cried Sir Reginald. "How can we ever thank you?"

Marvin smiled humbly. "Just doing my duty. But remember, magic is not to be taken lightly. It can bring both wonders and woes."

From that day on, Marvin continued to use his magic to help the villagers, always mindful of the lessons he had learned. And though he still got into the occasional bit of mischief, he did so with a newfound wisdom.

As for Spark, he grew into a majestic dragon, guarding the village and assisting Marvin in his magical endeavors. Together, they ensured that the village of Savannahville remained a place of peace, wonder, and just a touch of mischief.

And so, Marvin the Mischievous Wizard and Spark the Dragon lived happily ever after, their adventures becoming legendary tales that inspired generations to come.

Marvin el Mago Travieso y el Hechizo Misterioso

Había una vez, en un pintoresco pueblito enclavado entre los Bosques Susurrantes y el Río Cantante, un mago llamado Marvin. Marvin no era un mago cualquiera; era conocido por sus traviesas travesuras y su habilidad para meterse en las situaciones más peculiares. Su alto sombrero puntiagudo y su túnica ondeante a menudo se veían flotando mientras él conjuraba todo tipo de maravillas mágicas y, a veces, un poco de caos.

Marvin vivía en una acogedora cabaña en el borde del pueblo, rodeado de un jardín encantado donde las flores tarareaban melodías alegres y los árboles susurraban secretos a quienes quisieran escucharlos. A pesar de sus travesuras, los aldeanos adoraban a Marvin por su buen corazón y su disposición a ayudar a cualquiera que lo necesitara, incluso si sus soluciones eran un poco poco convencionales.

Una tarde soleada, mientras Marvin revisaba sus libros de hechizos, un fuerte golpe resonó en su cabaña. Abrió la puerta y encontró a la pequeña Emily, una niña de ojos brillantes con coletas y cara pecosa, parada nerviosamente en su umbral.

"¡Hola, Emily!" Marvin la saludó con una cálida sonrisa. "¿Qué te trae por aquí hoy?"

Emily retorcía sus dedos, luciendo un poco preocupada. "Oh, Sr. Marvin, es mi gato, Whiskers. Ha desaparecido y lo he buscado por todas partes."

Los ojos de Marvin brillaron con determinación. "No te preocupes, querida. Encontraremos a Whiskers. Déjame solo conseguir mi sombrero y varita."

Con un movimiento de su muñeca, Marvin invocó su confiable varita y se colocó su sombrero en la cabeza. "Ahora, veamos," murmuró, hojeando un libro de hechizos titulado Encontrar Cosas Perdidas para Personas Olvidadizas.

"¡Ajá!" exclamó, señalando un hechizo en la página noventa y nueve. "¡El Indudable, Inconfundible, Infalible Hechizo para Encontrar Gatos! Esto debería funcionar."

Marvin condujo a Emily al centro de la plaza del pueblo. Aclaró su garganta y agitó su varita en una serie de bucles intrincados. "Whiskers, Whiskers, ¿dónde andas? ¡Revelate y vuelve a casa!"

Una nube de humo brillante estalló desde la punta de la varita, arremolinándose en el aire. Los aldeanos se reunieron, observando con asombro cómo la niebla mágica tomaba la forma de un gato. El gato de humo correteó alrededor y luego se dirigió hacia los Bosques Susurrantes.

"¡Rápido, sigan a ese gato!" gritó Marvin, y él y Emily corrieron tras el humo.

El camino los llevó profundamente en el bosque, donde los árboles parecían inclinarse más cerca, susurrando palabras de aliento. Siguieron al gato de humo hasta que se detuvo frente a un gran árbol torcido con un tronco hueco.

Marvin miró dentro del hueco y, para su deleite, encontró a Whiskers acurrucado, profundamente dormido. "¡Aquí estás, Whiskers!" dijo, levantando suavemente al felino adormilado y entregándoselo a Emily.

"Oh, gracias, Sr. Marvin!" Emily sonrió, abrazando fuertemente a Whiskers.

Marvin sonrió, pero su expresión rápidamente se volvió seria al notar un extraño resplandor emanando del árbol hueco. "¿Qué es esto?" murmuró, alcanzando a sacar un libro viejo y polvoriento.

La portada del libro estaba adornada con símbolos peculiares y un título que decía, El Hechizo Misterioso de Milagros y Travesuras. Los ojos de Marvin se abrieron de par en par con curiosidad. "Esto parece interesante," dijo, quitando el polvo.

Al abrir el libro, una ráfaga de viento se arremolinó a su alrededor y las páginas comenzaron a brillar. De repente, el libro habló con una voz profunda y resonante, "Soy el Guardián del Hechizo Misterioso. A quienes busquen lanzarlo, tengan cuidado, pues trae tanto milagros como travesuras."

La curiosidad de Marvin se despertó, pero Emily parecía preocupada. "Tal vez deberíamos dejarlo, Sr. Marvin. Parece peligroso."

"¡Tonterías!" declaró Marvin. "Solo tenemos que ser cuidadosos. Ahora, veamos qué puede hacer este hechizo."

Regresaron a la cabaña de Marvin, donde colocó cuidadosamente el libro en su mesa de hechizos. Los aldeanos se habían reunido afuera, intrigados por el libro brillante y ansiosos por ver qué maravillas conjuraría Marvin a continuación.

Marvin estudió el hechizo por un momento, luego asintió con confianza. "Necesitaré escamas de dragón, una pluma de fénix y una gota de rocío de luna. Emily, ¿podrías traer esos ingredientes de mi gabinete?"

Emily rápidamente trajo los elementos, y Marvin se puso a trabajar, mezclando y cantando. El aire se llenó de energía mientras el hechizo tomaba forma. "Por el poder de las runas antiguas, ¡traigan un milagro esta tarde!"

Un destello de luz llenó la cabaña, y cuando se desvaneció, Marvin se encontró sosteniendo un magnífico huevo dorado. Los aldeanos jadearon de asombro.

"¡Qué huevo tan maravilloso!" exclamó el Sr. Thompson, el panadero. "¿Qué hace?"

Marvin se rascó la cabeza. "No estoy muy seguro," admitió. "Vamos a averiguarlo."

Cuando tocó suavemente el huevo con su varita, este se rompió, revelando una diminuta criatura brillante. Era un dragón, no más grande que un gatito, con escamas iridiscentes y delicadas alas.

"¡Oh, Dios mío!" exclamó Emily. "¡Es adorable!"

El pequeño dragón parpadeó hacia Marvin y soltó una pequeña bocanada de humo. Marvin se rió. "Bueno, hola, pequeño. Creo que te llamaré Chispa."

Los aldeanos quedaron encantados con Chispa, quien rápidamente se convirtió en un miembro querido de la comunidad. Sin embargo, Marvin no había olvidado la advertencia del libro. Continuó estudiando El Hechizo Misterioso de Milagros y Travesuras, decidido a desentrañar sus secretos mientras evitaba cualquier posible caos.

Una noche, mientras Marvin leía el libro, Chispa se acurrucaba en su regazo, un fuerte golpe resonó en la cabaña. Marvin abrió la puerta y encontró a Sir Reginaldo, el caballero del pueblo, luciendo severo.

"Marvin, hay problemas en los Bosques Susurrantes. Se han avistado criaturas extrañas y los aldeanos están asustados."

El corazón de Marvin se hundió. "Investigaré de inmediato," prometió.

Con Chispa posado en su hombro, Marvin se adentró en el bosque. Los árboles susurraban nerviosamente y el aire estaba cargado de tensión. De repente, una figura sombría cruzó su camino.

"¿Quién anda ahí?" llamó Marvin, con su varita lista.

La figura dio un paso adelante, revelándose como un travieso duende llamado Puck. "Soy Puck y he estado causando un poco de travesura, gracias a tu libro de hechizos," admitió con una sonrisa.

Marvin frunció el ceño. "Ese libro es peligroso en las manos equivocadas. Debes detener esta travesura de inmediato."

Puck se rió. "Oh, ¿pero dónde está la diversión en eso? Veamos si puedes atraparme primero, mago."

Y con eso, Puck desapareció entre los árboles. Marvin y Chispa lo persiguieron, esquivando el sotobosque y saltando sobre raíces. Siguieron a Puck hasta un claro donde el duende había reunido un surtido de criaturas encantadas.

"¡Miren mi ejército!" declaró Puck. "¡Con su ayuda, tomaré el control del pueblo!"

Marvin sabía que debía actuar rápidamente. Susurró un hechizo a Chispa, quien creció al tamaño de un caballo, con sus escamas brillando intensamente. "Mostremos de qué estamos hechos, Chispa," dijo Marvin, montando al dragón.

Con un rugido, Chispa tomó vuelo, respirando ráfagas de fuego brillante. Las criaturas encantadas se dispersaron y la confianza de Puck vaciló.

"¡Basta, Puck!" ordenó Marvin, su voz resonando con autoridad. "Vuelve a las sombras de donde viniste o enfréntate a todo el poder de mi magia."

Puck dudó, luego suspiró. "Muy bien, mago. Has ganado esta vez."

Mientras Puck y sus secuaces desaparecían, los Bosques Susurrantes volvieron a su estado pacífico. Marvin y Chispa aterrizaron con gracia, y los aldeanos aclamaron cuando emergieron del bosque.

"¡Nos has salvado, Marvin!" gritó Sir Reginaldo. "¿Cómo podemos agradecerte?"

Marvin sonrió humildemente. "Solo haciendo mi deber. Pero recuerden, la magia no debe tomarse a la ligera. Puede traer tanto maravillas como desgracias."

A partir de ese día, Marvin continuó usando su magia para ayudar a los aldeanos, siempre consciente de las lecciones que había aprendido. Y aunque aún se metía ocasionalmente en un poco de travesura, lo hacía con una sabiduría recién encontrada.

En cuanto a Chispa, creció hasta convertirse en un majestuoso dragón, protegiendo el pueblo y asistiendo a Marvin en sus aventuras mágicas. Juntos, aseguraron que el pueblo de Savannahville siguiera siendo un lugar de paz, maravilla y solo un toque de travesura.

Y así, Marvin el Mago Travieso y Chispa el Dragón vivieron felices para siempre, sus aventuras convirtiéndose en cuentos legendarios que inspiraron a generaciones venideras.

Percy the Penguin and the Great Ice Adventure

Once upon a time, in the chilly lands of Antarctica, there lived a little penguin named Percy. Percy wasn't like the other penguins; he had a knack for getting into the most unexpected adventures. His friends loved his stories, which often involved sliding down the steepest icebergs or exploring the deepest crevasses, but sometimes they worried that his adventurous spirit might get him into trouble.

Percy lived with his family in a cozy igloo on the edge of a vast ice field. Each day, he and his friends would waddle to the sea to fish, play, and race across the ice. Though Percy was small, he was always the fastest, and he had a twinkle in his eye that hinted at the next great adventure brewing in his mind.

One frosty morning, Percy woke up with an idea that made his heart flutter with excitement. "Today," he announced to his best friends, Penny and Pip, "we're going to find the legendary Ice Palace!"

The Ice Palace was a mythical place that, according to the elders, was hidden deep within the Great Iceberg. It was said to be a magnificent structure, glittering with ice crystals and filled with treasures untold. Many penguins had searched for it, but none had ever returned with proof of its existence.

Penny, who was a cautious penguin, looked worried. "Are you sure, Percy? It sounds dangerous."

"Absolutely!" Percy chirped. "Just think of the adventure!"

Pip, ever the enthusiastic sidekick, flapped his wings excitedly. "I'm in! Let's go find that Ice Palace!"

And so, the three friends set off across the icy landscape. They waddled and slid, laughing and singing as they went. The sky was clear and the sun glinted off the ice, making it sparkle like a million diamonds.

After hours of traveling, they reached the edge of the Great Iceberg. It loomed before them, towering and majestic, with its many peaks and valleys creating a labyrinth of ice.

"This is it," Percy said, his eyes shining with determination. "Let's find a way in."

The trio began to explore the base of the iceberg, looking for a hidden entrance. They squeezed through narrow crevices, climbed slippery slopes, and slid down icy chutes. Just when they were about to give up, Penny spotted a small, shimmering tunnel hidden behind a large snowdrift.

"Over here!" she called out. "I think I found something!"

Percy and Pip hurried over and peered into the tunnel. It glowed with an otherworldly light, beckoning them inside.

"This must be the way to the Ice Palace!" Percy exclaimed. "Come on, let's go!"

They squeezed into the tunnel and followed it deeper and deeper into the iceberg. The walls sparkled with ice crystals, casting beautiful reflections all around them. As they ventured further, the tunnel widened, and they found themselves in a vast, glittering cavern.

"Wow," Pip whispered in awe. "This place is amazing!"

In the center of the cavern stood a grand palace made entirely of ice. It had tall, shimmering spires and intricate carvings that looked like they had been sculpted by the most skilled of artists. The friends stared in wonder, hardly believing their eyes.

"We did it!" Percy cheered. "We found the Ice Palace!"

They rushed towards the palace, eager to explore its wonders. Inside, they found rooms filled with sparkling treasures: jewels made of ice, frozen fountains that glowed with blue light, and walls adorned with delicate ice sculptures.

"This is incredible!" Penny said, her worries forgotten. "I'm so glad we came."

As they wandered through the palace, they came across a large, ornate door. Percy, always the curious one, pushed it open, and they gasped at what they saw inside.

A massive ice throne stood at the far end of the room, and seated on it was a majestic penguin with a crown made of the finest ice crystals.

"Welcome, young adventurers," the regal penguin said with a warm smile. "I am King Frost, the ruler of the Ice Palace."

Percy, Penny, and Pip bowed respectfully. "We're honored to meet you, Your Majesty," Percy said. "We've come to explore and learn about the Ice Palace."

King Frost chuckled. "I see you have the true spirit of adventurers. Few penguins have found their way here. You must be brave and clever to have made it this far."

Percy beamed with pride. "We've always loved adventures, Your Majesty. And we're always looking for the next great one."

King Frost's eyes twinkled. "In that case, how would you like to take on a special quest for me?"

The friends exchanged excited glances. "We'd love to!" they chorused.

King Frost stood up from his throne and walked over to a large map on the wall. "There is a hidden chamber deep within the iceberg that contains the Heart of Ice, a magical gem that keeps our kingdom frozen and beautiful. Recently, it has begun to lose its power, and I fear it may soon go out. I need brave penguins like you to find it and restore its power."

Percy, Penny, and Pip nodded eagerly. "We'll do it!" Percy declared. "We won't let you down, Your Majesty."

"Very well," King Frost said, handing them a small, enchanted compass. "This compass will guide you to the Heart of Ice. But be careful, the path is treacherous and filled with challenges."

With the compass in hand, the friends set off on their quest. They followed the needle as it led them through twisting tunnels and over perilous ice bridges. They braved fierce winds and navigated through blinding snowstorms, their determination never wavering.

At last, they reached a massive ice door guarded by a pair of stone penguins. The compass glowed brightly, indicating that they had arrived.

"This must be it," Percy said, taking a deep breath. "Let's open it together."

The friends pushed with all their might, and the door slowly creaked open. Inside, they found a small, icy chamber with a pedestal in the center. Atop the pedestal rested a magnificent gem that pulsed with a faint, blue light.

"The Heart of Ice!" Pip exclaimed.

They carefully lifted the gem from the pedestal, and it began to glow brighter. As the light intensified, the chamber filled with warmth, and the friends felt a sense of magic enveloping them.

"Now, let's get this back to King Frost," Penny said, her eyes sparkling with excitement.

They made their way back to the palace, the Heart of Ice guiding them safely through the treacherous paths. When they arrived, King Frost greeted them with open wings.

"You've done it!" he exclaimed. "You've found the Heart of Ice!"

Percy handed the gem to King Frost, who placed it back on its rightful pedestal in the throne room. The Heart of Ice glowed with a brilliant light, and the entire palace seemed to come alive with renewed energy.

"Thank you, brave adventurers," King Frost said, his voice filled with gratitude. "You have saved our kingdom and restored its magic. As a token of my appreciation, I bestow upon you the title of Honorary Guardians of the Ice Palace."

The friends beamed with pride as King Frost placed shimmering ice medals around their necks. "We couldn't have done it without each other," Percy said, smiling at Penny and Pip.

King Frost nodded. "True courage and friendship are the greatest treasures of all. May you continue to have many wonderful adventures together."

As they returned to their village, Percy, Penny, and Pip were hailed as heroes. The tale of their great ice adventure spread far and wide, inspiring young penguins to dream big and embark on their own quests.

From that day on, Percy's adventurous spirit was celebrated, and he continued to explore the wonders of Antarctica, always with his best friends by his side. And every now and then, they would visit the Ice Palace, where King Frost would welcome them with open wings, ready to share stories of their latest adventures.

And so, Percy the Penguin and his friends lived happily ever after, their hearts forever filled with the magic of the Ice Palace and the joy of true friendship.

Percy el Pingüino y la Gran Aventura en el Hielo

Érase una vez, en las heladas tierras de la Antártida, vivía un pequeño pingüino llamado Percy. Percy no era como los otros pingüinos; tenía un don para meterse en las aventuras más inesperadas. A sus amigos les encantaban sus historias, que a menudo incluían deslizarse por los icebergs más empinados o explorar las grietas más profundas, pero a veces se preocupaban de que su espíritu aventurero pudiera meterlo en problemas.

Percy vivía con su familia en un acogedor iglú al borde de un vasto campo de hielo. Cada día, él y sus amigos se tambaleaban hacia el mar para pescar, jugar y correr por el hielo. Aunque Percy era pequeño, siempre era el más rápido, y tenía un destello en los ojos que insinuaba la próxima gran aventura que se estaba gestando en su mente.

Una helada mañana, Percy se despertó con una idea que le hacía palpitar el corazón de emoción. "Hoy," anunció a sus mejores amigos, Penny y Pip, "¡vamos a encontrar el legendario Palacio de Hielo!"

El Palacio de Hielo era un lugar mítico que, según los ancianos, estaba escondido en lo más profundo del Gran Iceberg. Se decía que era una estructura magnífica, reluciente con cristales de hielo y llena de tesoros incontables. Muchos pingüinos lo habían buscado, pero ninguno había regresado con pruebas de su existencia.

Penny, que era una pingüina cautelosa, lucía preocupada. "¿Estás seguro, Percy? Suena peligroso."

"¡Absolutamente!" gorjeó Percy. "¡Solo piensa en la aventura!"

Pip, siempre el entusiasta compañero, agitó sus alas con emoción. "¡Yo me apunto! ¡Vamos a encontrar ese Palacio de Hielo!"

Y así, los tres amigos partieron a través del paisaje helado. Se tambalearon y deslizaron, riendo y cantando mientras avanzaban. El cielo estaba despejado y el sol brillaba sobre el hielo, haciéndolo brillar como un millón de diamantes.

Después de horas de viaje, llegaron al borde del Gran Iceberg. Se alzaba ante ellos, imponente y majestuoso, con sus numerosos picos y valles creando un laberinto de hielo.

"Es aquí," dijo Percy, sus ojos brillando con determinación. "Vamos a encontrar una manera de entrar."

El trío comenzó a explorar la base del iceberg, buscando una entrada oculta. Se colaron por estrechas grietas, treparon por pendientes resbaladizas y se deslizaron por toboganes de hielo. Justo cuando estaban a punto de darse por vencidos, Penny vio un pequeño túnel brillante escondido detrás de un gran banco de nieve.

"¡Por aquí!" llamó. "¡Creo que encontré algo!"

Percy y Pip se apresuraron y miraron dentro del túnel. Brillaba con una luz de otro mundo, invitándolos a entrar.

"¡Debe ser el camino al Palacio de Hielo!" exclamó Percy. "¡Vamos, vamos!"

Se metieron en el túnel y lo siguieron más y más adentro del iceberg. Las paredes brillaban con cristales de hielo, lanzando hermosos reflejos a su alrededor. A medida que avanzaban, el túnel se ampliaba y se encontraban en una vasta caverna reluciente.

"Guau," susurró Pip con asombro. "¡Este lugar es increíble!"

En el centro de la caverna se encontraba un gran palacio hecho completamente de hielo. Tenía altas y relucientes torres y tallas intrincadas que parecían haber sido esculpidas por los artistas más habilidosos. Los amigos miraron con asombro, apenas creyendo lo que veían.

"¡Lo logramos!" exclamó Percy. "¡Encontramos el Palacio de Hielo!"

Corrieron hacia el palacio, ansiosos por explorar sus maravillas. Dentro, encontraron habitaciones llenas de tesoros brillantes: joyas hechas de hielo, fuentes congeladas que resplandecían con luz azul y paredes adornadas con delicadas esculturas de hielo.

"¡Esto es increíble!" dijo Penny, olvidando sus preocupaciones. "Estoy tan contenta de haber venido."

Mientras exploraban el palacio, se encontraron con una gran puerta ornamentada. Percy, siempre curioso, la empujó y todos se quedaron sin aliento al ver lo que había dentro.

En el extremo opuesto de la habitación se erguía un trono de hielo masivo, y sentado en él estaba un majestuoso pingüino con una corona hecha de los mejores cristales de hielo.

"Bienvenidos, jóvenes aventureros", dijo el pingüino regio con una sonrisa cálida. "Soy el Rey Frost, el gobernante del Palacio de Hielo".

Percy, Penny y Pip hicieron una reverencia respetuosa. "Es un honor conocerte, Su Majestad", dijo Percy. "Hemos venido a explorar y aprender sobre el Palacio de Hielo".

El Rey Frost se rió. "Veo que tienen el verdadero espíritu de los aventureros. Pocos pingüinos han encontrado el camino hasta aquí. Deben ser valientes y astutos para haber llegado tan lejos".

Percy sonrió con orgullo. "Siempre hemos amado las aventuras, Su Majestad. Y siempre estamos buscando la próxima gran aventura".

Los ojos del Rey Frost brillaron. "En ese caso, ¿les gustaría emprender una misión especial para mí?"

Los amigos intercambiaron miradas emocionadas. "¡Nos encantaría!" corrieron al unísono.

El Rey Frost se levantó de su trono y se acercó a un gran mapa en la pared. "Hay una cámara oculta en lo más profundo del iceberg que contiene el Corazón de Hielo, una gema mágica que mantiene nuestro reino congelado y hermoso. Recientemente, ha comenzado a perder su poder, y temo que pronto se apague. Necesito pingüinos valientes como ustedes para encontrarlo y restaurar su poder".

Percy, Penny y Pip asintieron con entusiasmo. "¡Lo haremos!" declaró Percy. "No te defraudaremos, Su Majestad".

"Muy bien", dijo el Rey Frost, entregándoles una brújula pequeña y encantada. "Esta brújula los guiará hasta el Corazón de Hielo. Pero tengan cuidado, el camino es traicionero y está lleno de desafíos".

Con la brújula en la mano, los amigos comenzaron su misión. Siguieron la aguja mientras los llevaba a través de túneles retorcidos y sobre puentes de hielo peligrosos. Resistieron vientos feroces y navegaron a través de tormentas de nieve cegadoras, su determinación nunca vaciló.

Finalmente, llegaron a una enorme puerta de hielo custodiada por un par de pingüinos de piedra. La brújula brillaba intensamente, indicando que habían llegado.

"Debe ser esto", dijo Percy, tomando una respiración profunda. "Abrámoslo juntos".

Los amigos empujaron con todas sus fuerzas, y la puerta se abrió lentamente. Dentro, encontraron una pequeña cámara helada con un pedestal en el centro. Encima del pedestal descansaba una magnífica gema que pulsaba con una débil luz azul.

"¡El Corazón de Hielo!" exclamó Pip.

Con cuidado, levantaron la gema del pedestal, y comenzó a brillar más intensamente. A medida que la luz se intensificaba, la cámara se llenaba de calor, y los amigos sentían una sensación de magia que los envolvía.

"Ahora, vamos a llevar esto de vuelta al Rey Frost", dijo Penny, sus ojos brillando de emoción.

Regresaron al palacio, el Corazón de Hielo los guiaba con seguridad a través de los senderos traicioneros. Cuando llegaron, el Rey Frost los recibió con alas abiertas.

"¡Lo han logrado!" exclamó. "¡Han encontrado el Corazón de Hielo!"

Percy entregó la gema al Rey Frost, quien la colocó de nuevo en su pedestal en la sala del trono. El Corazón de Hielo brillaba con una luz brillante, y todo el palacio parecía cobrar vida con una energía renovada.

"Gracias, valientes aventureros", dijo el Rey Frost, su voz llena de gratitud. "Han salvado nuestro reino y restaurado su magia. Como muestra de mi agradecimiento, les otorgo el título de Guardianes Honorarios del Palacio de Hielo".

Los amigos sonrieron con orgullo mientras el Rey Frost colocaba medallas de hielo resplandeciente alrededor de sus cuellos. "No podríamos haberlo hecho sin el otro", dijo Percy, sonriendo a Penny y Pip.

El Rey Frost asintió. "El verdadero coraje y la amistad son los mayores tesoros de todos. Que continúen teniendo muchas aventuras maravillosas juntos".

Mientras regresaban a su aldea, Percy, Penny y Pip fueron aclamados como héroes. La historia de su gran aventura en el hielo se extendió lejos y ancho, inspirando a los jóvenes pingüinos a soñar en grande y emprender sus propias búsquedas.

A partir de ese día, el espíritu aventurero de Percy fue celebrado, y continuó explorando las maravillas de la Antártida, siempre con sus mejores amigos a su lado. Y de vez en cuando, visitarían el Palacio de Hielo, donde el Rey Frost los recibiría con alas abiertas, listo para compartir historias de sus últimas aventuras.

Y así, Percy el Pingüino y sus amigos vivieron felices para siempre, con sus corazones llenos para siempre con la magia del Palacio de Hielo y la alegría de la verdadera amistad.

The Marvelous Magic Cooking Pot

Once upon a time, in a quaint little village nestled in the rolling hills of Greenvalley, there lived a young boy named Tommy. Tommy wasn't just any ordinary boy; he had an insatiable curiosity and a knack for discovering the most extraordinary things. He lived with his grandmother, Nana Molly, in a cozy cottage filled with the aroma of delicious meals Nana Molly would cook.

Nana Molly was the best cook in the village, and everyone adored her meals. She had a secret ingredient, a pinch of love, which made everything she cooked taste heavenly. Tommy often helped her in the kitchen, chopping vegetables, stirring pots, and learning the art of cooking. But what he loved most were Nana Molly's stories about magical items and enchanted places.

One sunny morning, as Tommy was tidying up the attic, he stumbled upon a dusty old box hidden behind a stack of forgotten treasures. Inside the box was an old, tarnished cooking pot. It was nothing special to look at, but something about it caught Tommy's eye.

He brought the pot downstairs and showed it to Nana Molly. "Look what I found in the attic, Nana! Can we use it?"

Nana Molly examined the pot with a twinkle in her eye. "Ah, this old thing! It belonged to my great-grandmother. They say it's a magic cooking pot, but it hasn't been used in ages. Why don't we give it a try?"

Tommy's eyes widened with excitement. "A magic cooking pot? Wow! Let's use it for dinner tonight!"

Nana Molly nodded, and they set to work. They filled the pot with fresh vegetables, herbs, and a dash of salt and pepper. As Nana Molly stirred the ingredients, she whispered a little rhyme her great-grandmother had taught her:

"Pot so old and pot so fine,

Cook us a meal, one of a kind.

Stirring with love, make it divine,

A dish to delight, a feast to dine."

Suddenly, the pot began to shimmer and glow. Tommy and Nana Molly watched in amazement as the ingredients inside began to swirl and mix on their own. The wonderful aroma of the meal filled the kitchen, and they could hardly wait to see the final result.

When the glowing subsided, Nana Molly lifted the lid to reveal a stew that looked more delicious than anything they had ever seen. They served it up, and as they took their first bites, they were transported by the incredible flavors. It was as if every bite told a story, bringing warmth and happiness to their hearts.

Word of the magic cooking pot spread quickly through Greenvalley. Soon, villagers were lining up at Nana Molly's door, eager to taste the marvelous dishes from the enchanted pot. Each meal seemed to have its own unique magic, bringing joy and comfort to everyone who ate it.

One day, as Tommy and Nana Molly were preparing another magical feast, they heard a knock at the door. Standing there was the mayor of Greenvalley, looking rather flustered.

"Nana Molly, Tommy, we need your help!" he exclaimed. "There's a terrible drought, and our crops are failing. The villagers are worried about having enough food. Do you think the magic pot could help us?"

Tommy and Nana Molly exchanged a thoughtful glance. "We can certainly try," Nana Molly said. "Let's see what the pot can do."

They filled the pot with the last of their vegetables and water, then recited the magic rhyme once more. The pot began to glow, brighter than ever before. The ingredients swirled and mixed, creating a rich, hearty stew that seemed to overflow with abundance.

The mayor watched in awe as Nana Molly and Tommy ladled the stew into bowls. "This should feed everyone," Nana Molly said with a smile. "Take it to the village square and share it with everyone who needs it."

The mayor thanked them profusely and hurried off to the square with the steaming pot. As the villagers gathered, the pot continued to produce more and more stew, no matter how much they served. It was a miracle!

News of the endless stew spread far and wide, attracting visitors from neighboring villages. Everyone was amazed by the magic pot's ability to provide for so many. The villagers of Greenvalley were overjoyed, knowing they wouldn't have to worry about food during the drought.

As the weeks went by, the magic pot continued to work its wonders. It produced soups, stews, and even desserts that brought smiles to everyone's faces. The village became a place of happiness and celebration, all thanks to the magic pot.

One evening, after a particularly busy day of cooking, Tommy sat down with Nana Molly. "Nana, this pot is amazing! But do you think it will ever stop working?"

Nana Molly smiled and patted his hand. "The magic in this pot comes from the love and care we put into our cooking, Tommy. As long as we continue to cook with love and share with others, the pot's magic will never fade."

Tommy nodded thoughtfully. "I understand, Nana. It's not just the pot that's magic, it's us too."

Nana Molly hugged him tightly. "That's right, my dear. The magic is in all of us, and as long as we believe in it and use it for good, it will always be there."

And so, the magic cooking pot continued to bring joy and nourishment to Greenvalley. Tommy and Nana Molly's kitchen became a place of laughter, love, and the occasional sprinkle of magic. They taught everyone who came by the true secret of the pot: that the greatest magic of all comes from a heart filled with love and a desire to help others.

Tommy grew up to be a wonderful cook, just like Nana Molly, and he continued to share the magic of the pot with the village and beyond. The story of the marvelous magic cooking pot was passed down through generations, inspiring many to cook with love and spread kindness wherever they went.

And so, in the little village of Greenvalley, the magic of the cooking pot—and the hearts of those who used it—never faded. It remained a shining example of how a little love and a touch of magic can transform the world, one meal at a time.

La Maravillosa Olla Mágica

Había una vez, en un pintoresco pueblito anidado en las colinas onduladas de Valle Verde, vivía un joven llamado Tommy. Tommy no era un chico común; tenía una curiosidad insaciable y un talento para descubrir las cosas más extraordinarias. Vivía con su abuela, Nana Molly, en una acogedora cabaña llena del aroma de las deliciosas comidas que Nana Molly cocinaba.

Nana Molly era la mejor cocinera del pueblo, y todos adoraban sus comidas. Tenía un ingrediente secreto, una pizca de amor, que hacía que todo lo que cocinaba tuviera un sabor celestial. Tommy a menudo la ayudaba en la cocina, cortando verduras, revolviendo ollas y aprendiendo el arte de cocinar. Pero lo que más le gustaba eran las historias de Nana Molly sobre objetos mágicos y lugares encantados.

Una soleada mañana, mientras Tommy ordenaba el ático, se topó con una caja polvorienta escondida detrás de un montón de tesoros olvidados. Dentro de la caja había una vieja y deslucida olla. No era nada especial a simple vista, pero algo en ella llamó la atención de Tommy.

Bajó la olla y se la mostró a Nana Molly. "¡Mira lo que encontré en el ático, Nana! ¿Podemos usarla?"

Nana Molly examinó la olla con brillo en los ojos. "Ah, esta vieja cosa. Pertenecía a mi bisabuela. Dicen que es una olla de cocina mágica, pero no se ha usado en siglos. ¿Por qué no la probamos?"

Los ojos de Tommy se abrieron de emoción. "¿Una olla de cocina mágica? ¡Guau! ¡Vamos a usarla para la cena de esta noche!"

Nana Molly asintió, y se pusieron manos a la obra. Llenaron la olla con verduras frescas, hierbas y un poco de sal y pimienta. Mientras Nana Molly revolvía los ingredientes, susurraba una pequeña rima que su bisabuela le había enseñado:

"Olla tan vieja y olla tan fina,

Cocínanos una comida, única en su especie.

Revuelta con amor, hazla divina,

Un plato para deleitar, un festín para disfrutar."

De repente, la olla comenzó a brillar y centellear. Tommy y Nana Molly observaron con asombro cómo los ingredientes dentro de la olla comenzaban a girar y mezclarse por sí solos. El maravilloso aroma de la comida llenó la cocina, y apenas podían esperar para ver el resultado final.

Cuando el brillo disminuyó, Nana Molly levantó la tapa para revelar un guiso que parecía más delicioso que cualquier cosa que hubieran visto antes. Lo sirvieron, y al dar el primer bocado, fueron transportados por los increíbles sabores. Era como si cada bocado contara una historia, trayendo calidez y felicidad a sus corazones.

La noticia de la olla de cocina mágica se extendió rápidamente por Valle Verde. Pronto, los aldeanos hacían fila en la puerta de Nana Molly, ansiosos por probar los maravillosos platos de la olla encantada. Cada comida parecía tener su propia magia única, trayendo alegría y confort a todos los que la comían.

Un día, mientras Tommy y Nana Molly preparaban otro festín mágico, escucharon un golpe en la puerta. Allí estaba el alcalde de Valle Verde, luciendo bastante agitado.

"¡Nana Molly, Tommy, necesitamos su ayuda!" exclamó. "Hay una terrible sequía, y nuestros cultivos están fallando. Los aldeanos están preocupados por tener suficiente comida. ¿Creen que la olla mágica podría ayudarnos?"

Tommy y Nana Molly intercambiaron una mirada reflexiva. "Ciertamente podemos intentarlo", dijo Nana Molly. "Veamos qué puede hacer la olla".

Llenaron la olla con las últimas verduras y agua, y recitaron la rima mágica una vez más. La olla comenzó a brillar, más brillante que nunca. Los ingredientes se agitaron y mezclaron, creando un guiso rico y sustancioso que parecía rebosar abundancia.

El alcalde observaba con asombro mientras Nana Molly y Tommy servían el guiso en cuencos. "Esto debería alimentar a todos", dijo Nana Molly con una sonrisa. "Llévalo a la plaza del pueblo y compártelo con todos los que lo necesiten".

El alcalde les agradeció profusamente y se apresuró a la plaza con la olla humeante. Mientras los aldeanos se reunían, la olla seguía produciendo más y más guiso, sin importar cuánto sirvieran. ¡Era un milagro!

La noticia del guiso interminable se extendió lejos y cerca, atrayendo visitantes de pueblos vecinos. Todos quedaron asombrados por la capacidad de la olla mágica para proveer a tantos. Los aldeanos de Valle Verde estaban felices, sabiendo que no tendrían que preocuparse por la comida durante la sequía.

A medida que pasaban las semanas, la olla mágica seguía haciendo maravillas. Producía sopas, guisos e incluso postres que traían sonrisas a los rostros de todos. El pueblo se convirtió en un lugar de felicidad y celebración, todo gracias a la olla mágica.

Una noche, después de un día especialmente ocupado de cocinar, Tommy se sentó con Nana Molly. "Nana, ¡esta olla es increíble! ¿Pero crees que algún día dejará de funcionar?"

Nana Molly sonrió y le dio palmaditas en la mano. "La magia en esta olla proviene del amor y el cuidado que ponemos en nuestra cocina, Tommy. Mientras sigamos cocinando con amor y compartiendo con los demás, la magia de la olla nunca se desvanecerá".

Tommy asintió pensativamente. "Entiendo, Nana. No es solo la olla lo que es mágico, también somos nosotros".

Nana Molly lo abrazó fuertemente. "Así es, mi querido. La magia está en todos nosotros, y mientras creamos en ella y la usemos para el bien, siempre estará presente".

Y así, la olla mágica de cocina continuó trayendo alegría y nutrición a Valle Verde. La cocina de Tommy y Nana Molly se convirtió en un lugar de risas, amor y el ocasional toque de magia. Enseñaron a todos los que pasaban por allí el verdadero secreto de la olla: que la mayor magia de todas proviene de un corazón lleno de amor y el deseo de ayudar a los demás.

Tommy creció para ser un maravilloso cocinero, al igual que Nana Molly, y continuó compartiendo la magia de la olla con el pueblo y más allá. La historia del maravilloso caldero mágico de cocina se transmitió de generación en generación, inspirando a muchos a cocinar con amor y difundir la bondad dondequiera que fueran.

Y así, en el pequeño pueblo de Valle Verde, la magia de la olla de cocina, y los corazones de quienes la usaban, nunca se desvanecieron. Permaneció como un brillante ejemplo de cómo un poco de amor y un toque de magia pueden transformar el mundo, una comida a la vez.

Captain Timmy and the Treasure of Smuggler's Cove

In the bustling seaside town of Portside, there lived a spirited young boy named Timmy. Timmy had an enormous imagination and a passion for adventure, and nothing thrilled him more than tales of pirates and hidden treasures. His bedroom was filled with maps, compasses, and wooden swords, all part of his dream to become a pirate one day.

Timmy lived with his parents in a cozy cottage near the docks, where the salty sea breeze constantly reminded him of the adventures that lay just beyond the horizon. Every evening, old Captain Bart, a retired sailor, would sit by the harbor and share stories of his daring escapades on the high seas. Timmy never missed a chance to listen, his eyes wide with wonder as he imagined himself aboard a grand pirate ship.

One sunny afternoon, as Timmy was exploring the rocky shore, he stumbled upon a curious old bottle half-buried in the sand. Inside was a yellowed piece of parchment. Excitedly, he uncorked the bottle and carefully extracted the paper. It was a treasure map!

"X marks the spot," Timmy whispered to himself, tracing the lines with his finger. The map showed the way to a place called Smuggler's Cove, rumored to be the hiding place of the legendary pirate Blackbeard's treasure. Timmy's heart raced with excitement. This was his chance to live out his pirate dreams!

Timmy ran home to show the map to his best friend, Sam. Sam was just as adventurous and had always shared Timmy's love for pirate tales.

"Look what I found!" Timmy exclaimed, bursting through the door. "A real treasure map! We have to find it, Sam!"

Sam's eyes lit up. "This is amazing! We need a ship and a crew. Let's ask old Captain Bart for help."

The two friends hurried to the harbor where Captain Bart was mending fishing nets. When they showed him the map, his weathered face broke into a wide grin.

"Aye, lads! This be the map to Blackbeard's treasure! I've heard many a tale about Smuggler's Cove, but none have dared to go. Are ye brave enough to embark on this adventure?"

"Absolutely!" Timmy and Sam chorused.

Captain Bart nodded. "Very well. Meet me at dawn. I'll ready my old ship, the Sea Serpent, and we'll set sail for Smuggler's Cove."

Timmy and Sam could hardly sleep that night, their minds racing with excitement. As the first light of dawn broke, they hurried to the docks, where the Sea Serpent awaited them. It was a sturdy old ship with tall masts and billowing sails, perfect for their daring adventure.

With Captain Bart at the helm and a few trusted townsfolk as crew, they set sail into the open sea. The journey was filled with excitement and a bit of trepidation as they navigated through waves and wind, following the map's instructions carefully.

After several days at sea, they finally approached the misty shores of Smuggler's Cove. The cove was eerie and mysterious, with jagged rocks and hidden caves. The crew anchored the Sea Serpent, and Timmy, Sam, and Captain Bart rowed ashore in a small boat.

"Stay close, lads," Captain Bart warned as they made their way through the dense forest. "The treasure is guarded by traps and tricks. Keep yer wits about ye."

The map led them through winding paths and overgrown trails until they reached a hidden cave entrance. Timmy's heart pounded with anticipation as they ventured inside, their lanterns casting flickering shadows on the damp walls.

Deeper into the cave they went, navigating through narrow passages and across rickety bridges. Suddenly, they came to a large chamber with an ancient wooden chest in the center, covered in dust and cobwebs.

"This must be it!" Sam exclaimed, his voice echoing through the cavern.

Captain Bart approached the chest cautiously. "Stand back, lads. Let's see if there be any traps."

With a careful hand, he lifted the lid of the chest, and inside, they found gold coins, sparkling jewels, and priceless artifacts. Timmy and Sam's eyes widened in awe.

"We did it!" Timmy cheered. "We found Blackbeard's treasure!"

The three adventurers began to examine the treasure, each piece more magnificent than the last. But as they admired their find, they heard a low rumbling sound. The ground beneath them started to shake.

"We need to get out of here!" Captain Bart shouted. "The cave's collapsing!"

They grabbed as much treasure as they could carry and dashed back through the winding passages. Rocks tumbled around them, and dust filled the air, but they managed to escape just in time, emerging into the bright sunlight with their bounty.

Back on the Sea Serpent, the crew celebrated their success. Timmy and Sam beamed with pride, knowing they had lived out their pirate dreams and found the legendary treasure.

As they sailed back to Portside, Captain Bart turned to the boys with a twinkle in his eye. "Ye lads have proven yerselves true pirates today. Remember, the greatest treasures aren't always gold and jewels. It's the courage and friendship that make the adventure worth it."

Timmy and Sam nodded, their hearts filled with the joy of their incredible journey. When they returned home, the townsfolk greeted them as heroes. They shared the treasure with everyone, ensuring that the entire town benefited from their discovery.

From that day on, Timmy and Sam continued to seek out new adventures, always with the spirit of true pirates. And old Captain Bart was always there, ready to share a tale or set sail on another daring voyage.

The story of Captain Timmy and the Treasure of Smuggler's Cove became a legend in Portside, inspiring generations of young adventurers to follow their dreams and seek out the treasures that life had to offer. And in the hearts of those who knew them, Timmy and Sam were forever known as the bravest pirates to ever sail the seven seas.

Capitán Timmy y el Tesoro de la Cueva del Contrabandista

En el bullicioso pueblo costero de Portside, vivía un joven animado llamado Timmy. Timmy tenía una imaginación enorme y una pasión por la aventura, y nada lo emocionaba más que las historias de piratas y tesoros escondidos. Su habitación estaba llena de mapas, brújulas y espadas de madera, todo parte de su sueño de convertirse en pirata algún día.

Timmy vivía con sus padres en una acogedora cabaña cerca de los muelles, donde la brisa marina salada constantemente le recordaba las aventuras que yacían justo más allá del horizonte. Cada tarde, el viejo Capitán Bart, un marinero retirado, se sentaba junto al puerto y compartía historias de sus osadas escapadas en alta mar. Timmy nunca perdía la oportunidad de escuchar, con los ojos abiertos de asombro mientras se imaginaba a sí mismo a bordo de un gran barco pirata.

Una soleada tarde, mientras Timmy exploraba la costa rocosa, se topó con una curiosa botella vieja medio enterrada en la arena. Dentro había un pergamino amarillento. Con emoción, destapó la botella y extrajo cuidadosamente el papel. ¡Era un mapa del tesoro!

"La equis marca el lugar", susurró Timmy para sí mismo, trazando las líneas con el dedo. El mapa mostraba el camino hacia un lugar llamado la Cueva del Contrabandista, rumoreado como el escondite del tesoro legendario del pirata Barbanegra. ¡El corazón de Timmy latía con emoción! ¡Esta era su oportunidad de vivir sus sueños de pirata!

Timmy corrió a casa para mostrarle el mapa a su mejor amigo, Sam. Sam era tan aventurero como él y siempre había compartido el amor de Timmy por los cuentos de piratas.

"¡Mira lo que encontré!" exclamó Timmy, entrando por la puerta. "¡Un verdadero mapa del tesoro! ¡Tenemos que encontrarlo, Sam!"

Los ojos de Sam se iluminaron. "¡Esto es increíble! Necesitamos un barco y una tripulación. Vamos a pedir ayuda al viejo Capitán Bart".

Los dos amigos se apresuraron al puerto donde el Capitán Bart estaba reparando redes de pesca. Cuando le mostraron el mapa, su rostro curtido se iluminó con una gran sonrisa.

"¡Eh, muchachos! ¡Este es el mapa del tesoro de Barbanegra! He escuchado muchas historias sobre la Cueva del Contrabandista, pero nadie se ha atrevido a ir. ¿Están lo suficientemente valientes como para embarcarse en esta aventura?"

"¡Absolutamente!" corrieron Timmy y Sam.

El Capitán Bart asintió. "Muy bien. Encuéntrenme al amanecer. Prepararé mi viejo barco, el Serpiente del Mar, y zarparemos hacia la Cueva del Contrabandista".

Timmy y Sam apenas pudieron dormir esa noche, sus mentes llenas de emoción. Cuando la primera luz del alba asomó, se apresuraron a los muelles, donde el Serpiente del Mar los esperaba. Era un barco viejo y resistente con mástiles altos y velas ondeantes, perfecto para su aventura audaz.

Con el Capitán Bart al timón y algunos confiables habitantes del pueblo como tripulación, se hicieron a la mar. El viaje estuvo lleno de emoción y un poco de temor mientras navegaban a través de olas y vientos, siguiendo cuidadosamente las instrucciones del mapa.

Después de varios días en el mar, finalmente se acercaron a las brumosas orillas de la Cueva del Contrabandista. La cueva era misteriosa y tenebrosa, con rocas escarpadas y cuevas escondidas. La tripulación ancló el Serpiente del Mar, y Timmy, Sam y el Capitán Bart remaron hasta la orilla en un bote pequeño.

"Manténganse cerca, muchachos", advirtió el Capitán Bart mientras se adentraban en el denso bosque. "El tesoro está protegido por trampas y engaños. Mantengan sus mentes alertas".

El mapa los llevó por senderos sinuosos y senderos cubiertos de maleza hasta que llegaron a una entrada de cueva oculta. El corazón de Timmy latía con anticipación mientras se aventuraban dentro, sus linternas proyectando sombras titilantes en las húmedas paredes.

Más adentro de la cueva fueron, navegando a través de pasajes estrechos y sobre puentes endebles. De repente, llegaron a una gran cámara con un antiguo cofre de madera en el centro, cubierto de polvo y telarañas.

"¡Esto debe ser!" exclamó Sam, su voz resonando en la caverna.

El Capitán Bart se acercó al cofre con cautela. "Aléjense, muchachos. Veamos si hay alguna trampa".

Con una mano cuidadosa, levantó la tapa del cofre, y dentro encontraron monedas de oro, joyas brillantes y artefactos invaluables. Los ojos de Timmy y Sam se abrieron de asombro.

"¡Lo logramos!" ¡gritó Timmy! "¡Encontramos el tesoro de Barbanegra!"

Los tres aventureros comenzaron a examinar el tesoro, cada pieza más magnífica que la anterior. Pero mientras admiraban su hallazgo, escucharon un bajo rugido. El suelo bajo ellos comenzó a temblar.

"¡Tenemos que salir de aquí!" gritó el Capitán Bart. "¡La cueva se está derrumbando!"

Agarraron tanto tesoro como pudieron cargar y corrieron de regreso a través de los pasajes serpenteantes. Las rocas caían a su alrededor, y el polvo llenaba el aire, pero lograron escapar justo a tiempo, emergiendo en la brillante luz del sol con su botín.

De vuelta en el Serpiente del Mar, la tripulación celebró su éxito. Timmy y Sam brillaban de orgullo, sabiendo que habían vivido sus sueños de piratas y encontrado el tesoro legendario.

Mientras navegaban de regreso a Portside, el Capitán Bart se volvió hacia los chicos con un destello en los ojos. "Ustedes, muchachos, se han demostrado a sí mismos verdaderos piratas hoy. Recuerden, los mayores tesoros no siempre son oro y joyas. Es el coraje y la amistad lo que hace que la aventura valga la pena".

Timmy y Sam asintieron, sus corazones llenos de la alegría de su increíble viaje. Cuando regresaron a casa, los habitantes del pueblo los recibieron como héroes. Compartieron el tesoro con todos, asegurándose de que todo el pueblo se beneficiara de su descubrimiento.

Desde ese día en adelante, Timmy y Sam continuaron buscando nuevas aventuras, siempre con el espíritu de verdaderos piratas. Y el viejo Capitán Bart siempre estuvo allí, listo para contar un cuento o zarpar en otro viaje audaz.

La historia del Capitán Timmy y el Tesoro de la Cueva del Contrabandista se convirtió en una leyenda en Portside, inspirando a generaciones de jóvenes aventureros a seguir sus sueños y buscar los tesoros que la vida tenía para ofrecer. Y en los corazones de quienes los conocían, Timmy y Sam fueron conocidos para siempre como los piratas más valientes que jamás navegaron los siete mares.

Lily and the Magical Lemon Tree

In the charming village of Bloomville, nestled between rolling hills and flowery meadows, lived a curious and lively girl named Lily. Lily had bright, sparkling eyes and a smile that could light up a room. She lived with her parents and her dog, Pippin, in a cozy cottage surrounded by a beautiful garden that her mother tended with love.

One sunny morning, while exploring the far corner of the garden, Lily discovered something extraordinary. Hidden behind a cluster of roses was a small, scraggly lemon tree. It looked like it hadn't been watered or cared for in ages. Lily's heart went out to the poor tree.

"Don't worry, little tree," she said, patting its thin trunk. "I'll take care of you."

Lily ran inside to get a watering can, and every day after that, she faithfully watered the lemon tree and talked to it. She told the tree all her secrets, her dreams, and even sang to it. As days turned into weeks, something magical began to happen. The tree started to grow stronger, its leaves turned a vibrant green, and tiny lemon buds began to appear.

One evening, as Lily was watering the tree, she noticed something peculiar. One of the lemons was glowing softly. She reached out and carefully plucked it from the branch. As soon as she held it in her hands, the lemon glowed even brighter, filling the garden with a warm, golden light.

"What a magical lemon!" Lily exclaimed, eyes wide with wonder.

That night, Lily couldn't sleep. She kept thinking about the magical lemon. The next morning, she decided to make lemonade with it. She squeezed the lemon into a pitcher, added water and sugar, and stirred it all together. When she took a sip, she felt a burst of happiness unlike anything she had ever experienced. It was as if the lemonade was filled with pure joy.

Lily shared the magical lemonade with her parents and neighbors. Everyone who drank it felt an overwhelming sense of happiness and contentment. Word quickly spread throughout Bloomville about Lily's magical lemonade, and soon, people were coming from all over to taste it.

Lily continued to care for the lemon tree, and each time a lemon glowed, she would make more magical lemonade. The once small and scraggly tree had grown into a magnificent, flourishing tree with bright yellow lemons hanging from its branches.

One day, as Lily was tending to the tree, an old woman with a kind face and twinkling eyes approached her. She introduced herself as Granny Willow, the village storyteller and keeper of ancient lore.

"I've heard tales of your magical lemonade, dear child," Granny Willow said. "And I believe your lemon tree is enchanted. Long ago, it was said that a tree like this could only grow where there was great love and kindness."

Lily was amazed. "I just wanted to help the tree. I never imagined it would become so magical."

Granny Willow smiled. "Your kindness and care have brought out the magic in the tree. And now, it's bringing happiness to everyone in Bloomville. But remember, magic like this must be shared and used wisely."

Lily nodded, understanding the responsibility that came with the magical tree. She promised to continue sharing the lemonade and spreading joy throughout the village.

As the years went by, the magical lemon tree became a beloved symbol of Bloomville. People from far and wide would visit to see the tree and taste the legendary lemonade. Lily grew up to be a wise and caring young woman, always tending to her garden and sharing the magic of the lemon tree with everyone she met.

One day, a young girl named Sophie, with bright, curious eyes just like Lily's, came to visit. She marveled at the lemon tree and asked Lily how it had become so special. Lily told her the story of the magical lemon tree, the love and care it had received, and the joy it had brought to the village.

Sophie was inspired. "I want to help take care of the tree, too," she said with determination.

Lily smiled warmly and handed Sophie a watering can. "Then let's do it together," she said. "Remember, the magic comes from kindness and love."

And so, with Sophie's help, the magical lemon tree continued to thrive, spreading happiness and joy to all who came to see it. Lily knew that the magic of the tree would live on, as long as there were kind hearts to nurture it.

Bloomville remained a place of wonder and happiness, all thanks to a curious girl, a magical lemon tree, and the simple, powerful magic of love and kindness.

Lily y el Árbol de Limón Mágico

En el encantador pueblo de Bloomville, ubicado entre colinas ondulantes y prados floridos, vivía una niña curiosa y animada llamada Lily. Lily tenía ojos brillantes y centelleantes y una sonrisa que podía iluminar una habitación. Vivía con sus padres y su perro, Pippin, en una acogedora cabaña rodeada por un hermoso jardín que su madre cuidaba con amor.

Una soleada mañana, mientras exploraba el rincón más alejado del jardín, Lily descubrió algo extraordinario. Escondido detrás de un grupo de rosas había un pequeño y raquítico árbol de limón. Parecía que no había sido regado ni cuidado en años. El corazón de Lily se conmovió por el pobre árbol.

"No te preocupes, pequeño árbol", dijo, acariciando su delgado tronco. "Voy a cuidarte".

Lily corrió adentro para buscar una regadera, y desde entonces, todos los días, regaba fielmente al árbol de limón y hablaba con él. Le contaba al árbol todos sus secretos, sus sueños e incluso le cantaba. A medida que los días se convertían en semanas, algo mágico comenzó a suceder. El árbol comenzó a crecer más fuerte, sus hojas se volvieron de un verde vibrante y pequeños brotes de limón comenzaron a aparecer.

Una tarde, mientras Lily regaba el árbol, notó algo peculiar. Uno de los limones brillaba suavemente. Extendió la mano y lo recogió cuidadosamente de la rama. Tan pronto como lo sostuvo en sus manos, el limón brilló aún más, llenando el jardín con una cálida luz dorada.

"¡Qué limón tan mágico!" exclamó Lily, con los ojos llenos de asombro.

Esa noche, Lily no pudo dormir. No dejaba de pensar en el limón mágico. A la mañana siguiente, decidió hacer limonada con él. Exprimió el limón en una jarra, añadió agua y azúcar, y lo mezcló todo. Cuando dio un sorbo, sintió una explosión de felicidad como nunca antes había experimentado. Era como si la limonada estuviera llena de pura alegría.

Lily compartió la limonada mágica con sus padres y vecinos. Todos los que la bebieron sintieron una abrumadora sensación de felicidad y contentamiento. Rápidamente se corrió la voz por todo Bloomville sobre la limonada mágica de Lily, y pronto, la gente venía de todas partes para probarla.

Lily continuó cuidando del árbol de limón, y cada vez que un limón brillaba, hacía más limonada mágica. El árbol, una vez pequeño y raquítico, había crecido hasta convertirse en un árbol magnífico y floreciente con limones amarillos brillantes colgando de sus ramas.

Un día, mientras Lily cuidaba del árbol, una anciana con un rostro amable y ojos centelleantes se acercó a ella. Se presentó como la Abuela Willow, la narradora del pueblo y guardiana de la antigua sabiduría.

"He oído hablar de tu limonada mágica, querida niña", dijo la Abuela Willow. "Y creo que tu árbol de limón está encantado.

Hace mucho tiempo, se decía que un árbol como este solo podía crecer donde había gran amor y amabilidad".

Lily estaba asombrada. "Solo quería ayudar al árbol. Nunca imaginé que se volvería tan mágico".

La Abuela Willow sonrió. "Tu bondad y cuidado han sacado la magia del árbol. Y ahora, está llevando felicidad a todos en Bloomville. Pero recuerda, la magia como esta debe ser compartida y usada sabiamente".

Lily asintió, comprendiendo la responsabilidad que conllevaba el árbol mágico. Prometió seguir compartiendo la limonada y difundiendo la alegría por todo el pueblo.

Con el paso de los años, el árbol de limón mágico se convirtió en un símbolo querido de Bloomville. La gente de todas partes venía a visitarlo y probar la legendaria limonada. Lily creció para ser una joven sabia y cariñosa, siempre cuidando de su jardín y compartiendo la magia del árbol de limón con todos los que conocía.

Un día, una joven llamada Sophie, con ojos brillantes y curiosos como los de Lily, vino de visita. Se maravilló del árbol de limón y le preguntó a Lily cómo se había vuelto tan especial. Lily le contó la historia del árbol de limón mágico, el amor y el cuidado que había recibido, y la alegría que había traído al pueblo.

Sophie se inspiró. "También quiero ayudar a cuidar del árbol", dijo con determinación.

Lily sonrió cálidamente y le entregó una regadera a Sophie. "Entonces hagámoslo juntas", dijo. "Recuerda, la magia viene de la amabilidad y el amor".

Y así, con la ayuda de Sophie, el árbol de limón mágico continuó prosperando, llevando felicidad y alegría a todos los que venían a verlo. Lily sabía que la magia del árbol viviría mientras hubiera corazones amables para nutrirla.

Bloomville siguió siendo un lugar de maravilla y felicidad, todo gracias a una niña curiosa, un árbol de limón mágico y la simple y poderosa magia del amor y la bondad.